Bredele de Noël

d'hier et d'aujourd'hui

Saveurs d'Alsace

Auteurs

Bernadette Heckmann
& Nicole Burckel

Photos de

Frédérique CLEMENT

I. D. L'Édition

Sommaire

Recettes à base de blancs d'œufs (le poids moyen d'un blanc d'œuf est de 30 g)

NB : *Les blancs d'oeufs se conservent sans crainte une dizaine de jours au réfrigérateur ou peuvent être congelés. Ils montent plus vite en neige s'ils ont été conservés au frais dans une boîte hermétique.*

Recettes de pains d'épices

Gâteaux et brioches

Gâteaux et déco...

Anneaux à l'orange

Ingrédients

Repos : 1 heure

Cuisson : 12 minutes

Température : 180°C

- *120 g de beurre tempéré*
- *1 œuf*
- *80 g de sucre*
- *1 cuillère à soupe de jus d'orange*
- *le zeste de l'orange*
- *250 g de farine*
- *1 pointe de couteau de levure chimique*

Glaçage :

- *150 g de sucre glace*
- *1 cuillère à soupe de jus d'orange*

Préparation

Battez le beurre et le sucre en mousse.
Ajoutez l'œuf, le jus et le zeste de l'orange.

Rajoutez la farine et la levure.

Pétrissez le tout, faites une boule et enveloppez-la dans du papier film. Laissez-la reposer au frais 1 heure.

Faites une abaisse de 5 mm d'épaisseur et découpez des disques à l'aide d'un emporte-pièce de 5 cm de diamètre, évidez ensuite le centre à l'aide d'un dé à coudre ou d'un vide pomme.

Préchauffez le four.

Posez-les sur une toile siliconée ou un papier sulfurisé et passez-les au four durant 12 minutes environ à 180°C. Les gâteaux doivent rester blonds.

À la sortie du four procédez au glaçage : mélangez le sucre glace et le jus.

Badigeonnez les gâteaux.

Laissez sécher les anneaux à l'orange sur la grille.

Biscuits Albert ou Albertbredele

Ingrédients

Cuisson : 15 à 20 minutes

Température : 180°C

- *125 g de beurre tempéré*
- *125 g de sucre*
- *1 paquet de sucre vanillé*
- *2 œufs*
- *1/2 paquet de levure chimique*
- *375 g de farine*

Glaçage :

- *120 g de sucre glace*
- *2 cuillières à soupe d'eau-de-vie, ou de jus de citron ou de jus d'orange*

Décor :

- *Vermicelles colorées ou chocolatées*

Préparation

Battez le beurre et les sucres en mousse.
Ajoutez un à un les œufs.

Incorporez la farine et la levure afin d'obtenir une pâte homogène.

Abaissez la pâte et découpez-la à l'aide d'emporte-pièce de Noël.

Posez les gâteaux sur une toile siliconée ou un papier sulfurisé.

Passez-les au four préchauffé durant 15 à 20 minutes à 180°C.

À la sortie du four, procédez au glaçage.
Mélangez le sucre glace et le jus ou l'eau-de-vie.

Badigeonnez les gâteaux.

Saupoudrez de vermicelles.

Laissez-les sécher sur une grille.

Biscuits à la cuillère

Ingrédients

Cuisson : 15 minutes

Température : 180°C

- *3 œufs (150 g)*
- *70 g de sucre fin*
- *20 g de sucre fin*
- *75 g de farine*
- *50 g de sucre glace*

Ces biscuits sont extra pour les charlottes, tiramisu, ils remplaceront les boudoirs du commerce.

Préparation

Préchauffez votre four à 180°C.

Séparez les blancs des jaunes.

Fouettez les jaunes avec les 70 g de sucre fin. Travaillez à vitesse moyenne pendant 5 minutes, le mélange doit blanchir.

Incorporez la farine à la spatule.

Battez les blancs en neige et à mi-parcours, rajoutez les 20 g de sucre fin. Ils doivent être fermes. Rajoutez-les au premier mélange en soulevant la masse.

Dressez le mélange à la poche à douille sur une toile siliconée ou un papier sulfurisé.

Saupoudrez-les de sucre glace.

Passez-les 15 minutes au four.

Laissez-les refroidir 5 minutes avant de les enlever de la toile.

Boules de neige

Ingrédients

Cuisson : 20 minutes

Température : 140°C à 150°C

- *2 œufs*
- *200 g de sucre*
- *125 g de pépites de chocolat*
- *250 g d'amandes moulues*
- *1 cuillère à café de cannelle*
- *4 à 5 cuillères à soupe de farine*
- *Sucre glace (du commerce)*

Préparation

Travaillez les œufs et le sucre en mélange mousseux.

Ajoutez les amandes, la cannelle, la farine et les pépites de chocolat afin d'obtenir une pâte souple.

Façonnez des boules de pâte de la grosseur d'une noix dans le creux de vos mains.

Roulez-les dans le sucre glace puis posez-les sur une grille.

Laissez-les sécher durant 3 à 4 heures puis posez-les sur une toile siliconée ou un papier sulfurisé.

Préchauffez le four, enfournez les gâteaux durant 20 minutes.

Les boules doivent se fendiller et devront être encore molles à la sortie du four.

Posez-les sur une grille, laissez-les refroidir.

Bretzels sucrés

Ingrédients

Repos : 1 heure

Cuisson : 12 à 15 minutes

Température : 190°C

- *500 g de farine*
- *180 g de sucre*
- *2 œufs*
- *200 g de beurre tempéré*

Glaçage :

- *150 g de sucre glace*
- *1 cuillère à soupe d'eau-de-vie, ou de jus de citron ou de jus d'orange*

Matériel :

découpoir bretzel

Préparation

Travaillez les œufs et le sucre en mélange mousseux. Ajoutez le beurre, puis progressivement la farine tamisée.

Pétrissez la pâte, mettez-la en boule et enveloppez-la dans du papier film. Gardez-la au frais pendant 1 heure.

Préchauffez le four à 190°C.

Abaissez la pâte, découpez la pâte avec l'emporte-pièce Bretzel et disposez les gâteaux sur une toile siliconée ou un papier sulfurisé.

Faites cuire durant 12 à 15 minutes.

À la sortie du four, procédez au glaçage : mélangez le sucre et le jus.

Badigeonnez les bretzels avec ce glaçage, puis laissez-les sécher sur une grille.

Coquins

Ingrédients

Repos : 1 heure

Cuisson : 10 à 15 minutes

Température : 180°C

- *120 g de sucre*
- *1 pincée de sel*
- *1 œuf*
- *220g g de farine*
- *25 g d'amandes en poudre*
- *125 g de beurre tempéré*
- *1 cuillère à café de cannelle*

Pour garnir :

- *150 g de confiture de fruits rouges*
- *50 g de sucre glace*

Préparation

Mélangez l'œuf, le sucre, le sucre vanillé et le sel.

Incorporez la farine et la poudre d'amandes, puis sablez le mélange du bout des doigts.

Ajoutez le beurre en petits morceaux et pétrissez le tout.

Formez une boule, enveloppez-la dans du papier film. Mettez-la au frais 1 heure.

Préchauffez le four à 180°C.

Abaissez la pâte et détaillez-la à l'aide d'un emporte-pièce de 5 cm.

Evidez le centre de la moitié des disques (à l'aide d'un vide pomme).

Posez-les sur une toile siliconée ou un papier sulfurisé, enfournez-les durant 10 à 15 minutes selon le four.

Après cuisson, dressez une noix de confiture au centre du disque plein et posez un disque évidé par-dessus.

Saupoudrez les coquins de sucre glace.

Étoiles de Noël meringuées

Ingrédients

Repos : 1 heure

Cuisson : 15 à 18 minutes

Température : 170°C

Pâte des étoiles :

- *500 g de farine*
- *250 g de beurre tempéré*
- *6 jaunes d'œufs*
- *125 g de sucre*

Meringuage :

- *3 blancs d'œufs*
- *125 g de sucre*
- *125 g d'amandes moulues*

Préparation

Pâte des étoiles

Travaillez le beurre en mousse avec le sucre.
Ajoutez les jaunes d'œufs, incorporez la farine pour obtenir une pâte lisse et homogène.

Laissez reposer la pâte au frais pendant 1 heure.

Reprenez la pâte et abaissez-la sur une épaisseur de 4 mm environ.

Découpez des étoiles à l'aide d'un emporte-pièce.

Posez-les sur une toile siliconée ou un papier sulfurisé.

Laissez-les en attente pendant la préparation du meringuage.

Préchauffez le four à 170 °C

Préparation du meringuage

Battez les blancs en neige et, à mi-parcours, rajoutez le sucre afin d'obtenir un mélange ferme.
Incorporez les amandes moulues à l'aide d'une spatule.

Mettez cette masse dans une poche à douille et déposez une noix de cette préparation au centre de chaque étoile.

Passez-les au four pendant 15 à 18 minutes.

Gâteaux à l'anis ou Anisbredele

Ingrédients

Séchage : 12 heures

Cuisson : 10 à 15 minutes

Température : 150°C

- *250 g de sucre*
- *3 oeufs entiers*
- *250 g de farine tamisée*
- *12 g d'anis en grains*

Préparation

Battez les œufs et le sucre jusqu'au ruban pendant 20 minutes.

Ajoutez l'anis et la farine.

Dressez les petits gâteaux à l'aide d'une poche à douille munie d'une douille lisse sur une toile siliconée ou un papier sulfurisé.

Laissez sécher 12 heures à l'abri des courants d'air.

La surface des gâteaux doit être mate et sèche.

Préchauffez le four à 150 °C.

Enfournez pendant 10 à 15 minutes.
Les gâteaux doivent rester blancs.

Gourmandises de l'écureuil

Ingrédients

Cuisson : 25 à 30 minutes
Température : 180°C

- *250 g de farine*
- *1 cuillère à café de levure chimique*
- *60 g de sucre en poudre*
- *1 sachet de sucre vanillé*
- *1 jaune d'œuf*
- *3 cuillères à soupe de crème fraîche épaisse*
- *1 cuillère à café de rhum*
- *1 cuillère à café de jus de citron*
- *180 g de beurre tempéré*

Pour la garniture :

- *3 œufs*
- *100 g de sucre en poudre*
- *1 sachet de sucre vanillé*
- *1 cuillère à café de jus de citron*
- *1 cuillère à café de rhum*
- *100 g de noix moulues*

Pour glaçer :

- *200 g de sucre glace*
- *1 cuillère à café de jus de citron*

Préparation

La pâte

Mélangez les sucres, le jaune d'œuf, le rhum, la crème, le jus de citron et le beurre tempéré.

Ajoutez la farine et la levure tamisées, travaillez le tout pour obtenir une pâte lisse.

Mettez-la au frais pendant la préparation de la garniture.

La garniture

Battez en mousse les jaunes d'œufs, les sucres.

Ajoutez le jus de citron, le rhum et les noix.
Battez les blancs en neige et incorporez-les à la préparation précédente.

Préchauffez le four à 180°C.

Abaissez la pâte sur 1 cm environ dans un moule à rebords beurrés. Etalez la garniture aux noix sur cette pâte.

Enfournez et faites cuire durant 25 à 30 minutes.

Glaçage

Délayez le sucre glace avec le jus de citron et 2 cuillères à soupe d'eau chaude.
Glacez le gâteau à la sortie du four.

Laissez sécher le glaçage.

Démoulez le gâteau après refroidissement puis découpez-le en rectangles.

Languettes chocolatées

Ingrédients

Cuisson : 10 à 15 minutes
Température : 180°C

- *125 g de beurre*
- *100 g de sucre*
- *1 œuf*
- *1 paquet de sucre vanillé*
- *150 g de farine*
- *100 g de noisettes moulues*

Décor :

- *150 g de chocolat noir*

Préparation

Préchauffez le four à 180°C.

Battez le beurre et le sucre en mousse.
Rajoutez l'œuf, le sucre vanillé, les noisettes moulues et la farine.

Formez des bâtonnets à l'aide d'une poche à douille et placez-les sur une toile siliconée ou un papier sulfurisé.

Passez-les au four pendant 10 à 15 minutes.

Laissez refroidir les gâteaux.

Faites fondre le chocolat au bain-marie,
puis trempez une extrémité du petit-four dans le chocolat fondu.

Laissez-les sécher sur une grille.

Macarons au chocolat

Ingrédients

Cuisson : 15 minutes

Température : 160°C

- *125 g de chocolat noir*
- *125 g de noisettes ou d'amandes moulues*
- *125 g de sucre glace*
- *1 œuf*
- *1 sachet de sucre vanillé*

Préparation

Faites fondre le chocolat au bain-marie.

Mélangez les œufs et les sucres.

Ajoutez les amandes ou les noisettes ainsi que le chocolat fondu.

Préchauffez le four à 160°C.

Mettez la masse dans une poche munie d'une douille cannelée à large ouverture (14 mm) ou faites des petits tas à l'aide de 2 cuillères.

Dressez les macarons sur une toile siliconée ou un papier sulfurisé.

Passez-les au four durant 15 minutes à 160°C.

Conseil : les macarons doivent rester mous à l'intérieur, laissez-les bien refroidir sur la toile ou le papier avant de les détacher.

Si vous doublez les quantités, réservez la masse au bain-marie afin qu'elle ne durcisse pas.

Mini Linz

Ingrédients

Repos : 2 heures

Cuisson : 15 à 18 minutes

Température : 175°C

- *250 g de farine*
- *250 g de beurre tempéré*
- *125 g de sucre*
- *1 œuf*
- *1 jaune d'œuf*
- *250 g d'amandes moulues*
- *15 g de cannelle en poudre*
- *1 pincée de sel*

Garniture :

- *1 pot de confiture de framboises*

Préparation

Mélangez la farine, le sel, le sucre, la cannelle et les amandes, puis ajoutez le beurre.

Sablez la pâte avec vos doigts et ajoutez l'œuf et le jaune d'œuf pour la rendre homogène.

Formez une boule et enveloppez-la dans du papier film.

Laissez-la reposer 2 heures au frais.

Préchauffez le four.

Abaissez la pâte et découpez-la à l'aide d'un emporte-pièce rond ou étoile.

Evidez la moitié des disques à l'aide d'un vide-pomme.

Posez les disques pleins sur une toile siliconée ou un papier sulfurisé.

Déposez une noix de confiture au centre de chaque disque puis posez un disque évidé au-dessus.

Passez les mini-linz au four durant 15 à 18 minutes environ à 175°C.

Posez-les sur une grille après la cuisson jusqu'à refroidissement.

Variante :

Vous pouvez également former des petites boules de pâte dont le centre est creusé à l'aide de l'index puis rempli de confiture.

Palets d'amour

Ingrédients

Cuisson : 8 à 10 minutes
Température : 210°C

- *125 g de beurre tempéré*
- *125 g de sucre*
- *1 sachet de sucre vanillé*
- *150 g de farine*
- *80 g de raisins de Corinthe macérés dans du rhum*
- *2 œufs*
- *1 pincée de sel*

Préparation

La veille, versez le rhum sur les raisins et laissez-les macérer.

Travaillez le beurre tempéré avec les sucres et le sel. Ajoutez les œufs un à un, la farine et en dernier les raisins.

Préchauffez le four à 210°C.

À l'aide de 2 cuillères, déposez des petits tas bien espacés, (car ils s'étalent à la chaleur) sur une toile siliconée ou un papier sulfurisé.

Passez-les au four jusqu'à ce que le pourtour des palets soit doré.

Attention, l'intérieur doit rester moelleux.

Conseil :

Pour avoir des raisins macérés prêts à l'emploi, remplissez un pot à confiture de raisins et ajoutez du rhum.

Palets aux raisins

Ingrédients

Cuisson : 10 à 15 minutes

Température : 180°C

- *200 g de beurre tempéré*
- *200 g de sucre*
- *1 paquet de sucre vanillé*
- *3 œufs*
- *500 g de farine*
- *200 g de raisins de Corinthe macérés dans du rhum*

Glaçage :

- *30 g d'eau-de-vie*
- *120 g de sucre glace*

Préparation

Préchauffez le four à 180°C.

Travaillez le beurre en mousse avec le sucre et le sucre vanillé.

Rajoutez les œufs un à un, les raisins et la farine tamisée.

Faites des petits tas à l'aide de 2 cuillères à café et déposez-les sur une toile siliconée ou un papier sulfurisé.

Faites cuire 10 à 15 minutes environ.

Glaçage

Dans un bol, mélangez l'eau-de-vie avec le sucre glace.

À la sortie du four, glacez les petits-fours à l'aide d'un pinceau.

Palets souabes ou Schwowebredele

Ingrédients

Repos : 1 nuit

Cuisson : 10 à 15 minutes

Température : 180°C

- *500 g de farine*
- *270 g de beurre tempéré*
- *250 g de sucre semoule*
- *2 œufs*
- *150 g d'amandes en poudre*
- *20 g de cannelle*
- *1 pincée de sel*
- *zeste d'un citron*

Autres ingrédients :

- *1 œuf pour la dorure*

Préparation

Pétrissez ensemble le beurre mou et la farine.

Ajoutez les œufs, les amandes, la cannelle et le sucre.

Rajoutez le zeste du citron.

Travaillez la pâte jusqu'à obtention d'un mélange homogène.

Enveloppez la pâte dans un film alimentaire et réservez-la au froid pendant une nuit.

Le lendemain, sortez la pâte 1/2 heure avant de l'abaisser à 3 à 4 mm d'épaisseur environ.

Préchauffez le four à 180°C.

Détaillez la pâte avec des emporte-pièces de formes différentes.

Disposez les petits gâteaux sur une toile siliconée ou un papier sulfurisé.

Dorez-les avec un oeuf battu puis laissez-les sécher. Badigeonnez-les une seconde fois.

Passez-les au four pendant 10 à 15 minutes environ.

Tranches au citron ou à l'orange

Ingrédients

Repos : 1 nuit
Cuisson : 30 minutes
Température : 180°C

Pâte :

- *250 g de farine*
- *1 cuillère à café de levure chimique*
- *75 g de sucre*
- *1 œuf*
- *125 g de beurre tempéré*

Farce :

- *125 g d'amandes moulues*
- *150 g de sucre*
- *Le zeste et le jus d'un citron ou d'une orange*

Glaçage :

- *Environ 125 g de sucre glace*
- *2 cuillères à soupe de jus de fruit (citron ou orange)*

Préparation

Mélangez la farine, la levure et le sucre.
Rajoutez l'œuf et le beurre tempéré puis sablez la pâte : frottez celle-ci entre vos doigts.

Formez une boule et laissez-la reposer une nuit au frais.

Le lendemain

Préchauffez le four à 180°C.

Farce :

Mélangez les amandes, le jus, le zeste et le sucre.

Etalez la moitié de la pâte sablée dans un moule beurré à rebords ou un moule siliconé.

Répartissez la farce sur la pâte.

Etalez l'autre moitié de pâte sablée et posez-la sur la farce.

Piquez le dessus à l'aide d'une fourchette.

Passez au four pendant environ 30 minutes.

Préparation du glaçage :

Mélangez les ingrédients jusqu'à obtention d'une masse lisse et consistante.

Glacez le gâteau et coupez-le en petits carrés ou rectangles.

Tranches glaçées aux noix

Ingrédients

Cuisson : 20 minutes
Température : 180°C

Pour la pâte :

- *3 blancs d'œufs*
- *140 g de sucre*
- *70 g de farine*
- *140 g de beurre tempéré*
- *150 g de noix moulues*

Pour le glaçage :

- *120 g de sucre glace*
- *3 jaunes d'œufs*
- *1/2 paquet de sucre vanillé*

Préparation

Mélangez le beurre tempéré et le sucre dans un cul-de-poule.

Battez les blancs en neige ferme, incorporez-les à la préparation beurre-sucre sans casser les blancs.

Ajoutez les noix et la farine au fur et à mesure de façon délicate.

Préchauffez votre four à 180°C.

Versez la masse dans un moule beurré à rebords de 2 cm ou un moule siliconé et égalisez avec une spatule.

Faites cuire à 180°C durant 20 minutes.

Glaçage

Battez longuement les jaunes et les sucres.

Une fois que le gâteau est cuit, glacez-le à la sortie du four.

Laissez reposer 25 minutes puis tracez la découpe des bâtonnets dans le glaçage uniquement.

Laissez ainsi refroidir durant 2 heures.

Démoulez et posez le gâteau sur une planche.

Découpez-le en bâtonnets et servez-les.

Tricornes

Ingrédients

Repos : 1 heure pour la pâte
Cuisson : 15 à 20 minutes
Température : 190°C

Pâte :

- *500 g de farine*
- *250 g de sucre*
- *250 g de beurre tempéré*
- *3 jaunes d'œufs*
- *1 cuillère à soupe de crème épaisse*

Farce :

- *3 blancs d'œufs*
- *125 g de sucre*
- *125 g d'amandes moulues*

Badigeonnage :

- *1 blanc d'œuf*

Dorure :

- *1 jaune d'œuf*

Variante :

on peut remplacer la farce par une confiture épaisse

Préparation

Battez en mousse le beurre avec le sucre.
Rajoutez les jaunes d'œufs, puis la crème épaisse.

Incorporez progressivement la farine tamisée jusqu'à obtention d'une pâte homogène.

Enveloppez-la dans un film alimentaire et laissez-la reposer pendant 1 heure au frais.

Au bout de ce temps, sortez la pâte et préparez la farce.

Battez les blancs d'œufs en neige. À mi-parcours, rajoutez le sucre puis continuez à battre jusqu'à obtention d'un blanc ferme.
Incorporez les amandes moulues à l'aide d'une spatule en soulevant la masse.

Etalez la pâte et découpez-la à l'aide d'un emporte-pièce de 6 cm.

Mettez un peu de farce au centre de chaque disque.

Badigeonnez le pourtour avec du blanc d'œuf et rabattez la pâte vers le centre en formant des tricornes.

Dorez-les au jaune d'œuf et réservez-les au frais pendant 30 minutes.

Préchauffez le four à 190°C.

Passez-les au four pendant environ 15 à 20 minutes.

Croissants à la vanille ou Kipferle

Ingrédients

Repos : 2 heures

Cuisson : 10 à 15 minutes

Température : 190°C

- *320 g de farine*
- *60 g de noisettes moulues*
- *60 g d'amandes moulues*
- *120 g de sucre*
- *2 jaunes d'œufs*
- *270 g de beurre tempéré*

Finition :

- *sucre fin*
- *2 sachets de sucre vanillé*

Préparation

Battez le beurre et le sucre en pommade.
Ajoutez les jaunes d'œufs un à un.

Rajoutez les poudres d'amandes et de noisettes ainsi que la farine.

Réservez la pâte au frais pendant 2 heures.

Préchauffez votre four à 190°C.

Prenez la pâte, détaillez-la pour former des petits croissants ou des fers à cheval.

Posez-les sur une toile siliconée ou un papier sulfurisé et passez-les au four durant 10 à 15 minutes.

À la sortie du four, roulez-les encore tièdes dans le mélange des 2 sucres.

Sablés des Hussards

Ingrédients

Repos : 1 heure

Cuisson : 15 minutes

Température : 150°C

- *200 g de beurre tempéré*
- *100 g de sucre*
- *1 paquet de sucre vanillé*
- *2 jaunes d'œufs*
- *80 g de noisettes moulues*
- *300 g de farine*

Décor :

- *100 g de gelée de groseilles*

Préparation

Tournez le beurre en mousse avec le sucre et le sucre vanillé. Ajoutez les jaunes d'œufs, les noisettes et en dernier la farine.

Formez une boule et laissez-la reposer pendant 1 heure.

Préchauffez le four à 150°C.

Faites ensuite des petites boules de la grosseur d'une noix et avec un doigt creusez un petit trou au milieu. Garnissez de confiture.

Cuisson

Posez-les sur une toile siliconée ou un papier sulfurisé et passez-les au four durant 15 minutes.

Posez-les sur une grille à la sortie du four et saupoudrez-les de sucre glace.

Variante : si vous souhaitez mettre des cerises confites, faites cuire les gâteaux sans la garniture et posez une demi-cerise dans le creux de chaque sablé dès leur sortie du four.

Petits Gâteaux au beurre ou Butterbredele

Ingrédients

Repos : 2 heures

Cuisson : 10 à 15 minutes

Température : 180°C

- *250 g de farine*
- *1 cuillère à café de levure chimique*
- *125 g de beurre tempéré*
- *125 g de sucre*
- *3 jaunes d'œufs*
- *1 sachet de sucre vanillé*
- *1 pincée de sel*

Autre ingrédient :

- *1 œuf pour la dorure*

Préparation

Mélangez le beurre, les sucres, le sel, les jaunes d'œufs, la farine et la levure tamisées.

Pétrissez le tout pour obtenir une pâte sablée.

Formez une boule et enveloppez-la dans un film alimentaire.

Laissez-la reposer au froid pendant 2 heures environ.

Préchauffez le four à 180°C.

Abaissez la pâte à 4 mm d'épaisseur et découpez-la à l'aide d'emporte-pièces de Noël.

Disposez les gâteaux sur une toile siliconée ou un papier sulfurisé.

Badigeonnez-les au pinceau avec de la dorure.

Laissez-les sécher et badigeonnez-les une seconde fois.

Passez-les au four à 180°C pendant 10 à 15 minutes environ.

Spritzbredele

Ingrédients

Repos : 1 heure
Cuisson : 15 minutes environ
Température : 180°C

- *500 g de farine*
- *250 g de beurre*
- *250 g de sucre semoule*
- *5 jaunes d'œufs*

Préparation

Mélangez le beurre mou, le sucre et les jaunes d'œufs dans le cul de poule ou dans votre robot

Tamisez la farine et rajoutez la au premier mélange jusqu'à l'obtention d'une pâte homogène

Enveloppez la pâte dans un film alimentaire et réservez-la au froid pendant environ une heure.

Travaillez légèrement la pâte.

Préparez un hachoir à viande muni d'une grille spéciale permettant de former les Spritzbredele.

Utilisez le hachoir avec la grille en étoile, coupez des petits tronçons que vous disposerez sur une toile siliconée ou un papier sulfurisé.

Passez-les au four préchauffé à 180°C pendant 15 minutes environ

Baisers au chocolat et aux amandes "Schatzy"

Ingrédients

Cuisson : 30 minutes

Température : 150°C

- *125 g d'amandes effilées*
- *125 g de chocolat noir râpé*
- *2 cuillères à soupe de cacao amer*
- *1/2 cuillère à café de cannelle*
- *2 blancs d'œufs*
- *125 g de sucre fin*

Préparation

Préchauffez le four à 150°C (chaleur tournante).

Dans un cul de poule, mélangez le chocolat, la cannelle et les amandes effilées.

Battez les blancs en neige et, à mi-parcours, ajoutez le sucre et le cacao en une fois sans arrêter de fouetter jusqu'à obtention d'un mélange ferme.

Incorporez les blancs au mélange précédent avec une spatule tout en soulevant la masse de façon délicate.

À l'aide de 2 petites cuillères, formez des petits tas et posez-les sur une toile siliconée ou un papier sulfurisé.

Passez-les dans un four préchauffé à 150°C durant environ 30 minutes.
Ces petits-fours doivent sécher comme une meringue.

Duchesses

Ingrédients

Cuisson : 10 minutes

Température : 160°C

- *3 blancs d'œufs*
- *100 g de sucre*
- *30 g de beurre fondu*
- *60 g de noisettes moulues*
- *30 g de farine*

Pour garnir :

- *pralin ou pâte d'amandes*

Préparation

Préchauffez le four à 160°C.

Battez les blancs en neige ferme.

Incorporez progressivement le sucre.

Tamisez la farine, ajoutez la poudre de noisettes, versez le beurre fondu, mélangez le tout puis incorporez les blancs battus à l'aide d'une spatule en soulevant la masse.

Versez la préparation dans une poche à douille, dressez les duchesses sur une toile siliconée ou un papier sulfurisé.

Passez-les dans le four préchauffé durant 10 minutes environ.

À la sortie du four, laissez les refroidir.
Collez-les 2 par 2 avec de la pâte d'amandes ou du pralin.

Étoiles à la cannelle ou Zimmetsterne

Ingrédients

Cuisson : 5 minutes

Température : 240°C

Séchage : 12 heures

- *275 g de poudre d'amandes*
- *250 g de sucre glace*
- *2 blancs d'œufs*
- *15 g de cannelle*
- *2 cuillères à soupe de jus de citron (ou de Kirsch)*

Préparation

Battez les blancs en neige.

Ajoutez lentement le sucre tout en continuant de battre quelques minutes.

Prélevez 3 grosses cuillerées de cette neige pour le glaçage final.

Incorporez dans les blancs restants les amandes, la cannelle, le jus de citron ou le Kirsch et formez une boule.

Saupoudrez votre plan de travail de sucre cristallisé et abaissez la pâte à 1 cm d'épaisseur, puis découpez des petites étoiles avec un emporte-pièce (trempez celui-ci régulièrement dans de l'eau froide afin d'éviter qu'il ne colle).

Disposez les étoiles sur une toile siliconée ou un papier sulfurisé et glacez-les avec la neige réservée à cet effet.

Laissez sécher vos étoiles à la cannelle dans un endroit chaud (21°C) et sec pendant 12 heures.

Enfournez 5 minutes à 240°C.

Les étoiles à la cannelle doivent rester blanches sur le dessus et moelleuses à l'intérieur.

Macarons à la noix de coco

Ingrédients

Cuisson : 10 à 15 minutes

Température : 170°C

- *225 g de sucre*
- *225 g de noix de coco*
- *5 blancs d'œufs*

Préparation

Préchauffez votre four à 170°C.

Battez les blancs d'œufs en neige ferme et ajoutez le sucre pour obtenir une meringue.

Ajoutez la noix de coco avec une spatule en soulevant la masse.

Dressez les macarons à l'aide d'une poche munie d'une douille large (14 mm), ou faites des petits tas à l'aide de 2 cuillères sur une toile siliconée ou un papier sulfurisé.

Passez-les au four durant 10 à 15 minutes.

Attention : l'intérieur du petit-four doit rester moelleux.

Laissez refroidir les macarons et posez-les sur une grille.

Macarons aux noix

Ingrédients

Cuisson : 10 à 15 minutes

Température : 170°C

- *250 g de sucre*
- *250 g de noix moulues*
- *3 blancs d'œufs*

Préparation

Préchauffez votre four à 170°C.

Battez les blancs d'œufs en neige ferme
et ajoutez le sucre pour obtenir une meringue.

Ajoutez les noix moulues avec une spatule
en soulevant la masse.

Dressez les macarons à l'aide d'une poche munie d'une douille large (14 mm) ou faites des petits tas à l'aide de 2 cuillères sur une toile siliconée ou un papier sulfurisé.

Passez-les au four durant 10 à 15 minutes.

Attention : l'intérieur du petit-four doit rester moelleux.

Laissez refroidir les macarons et posez-les sur une grille.

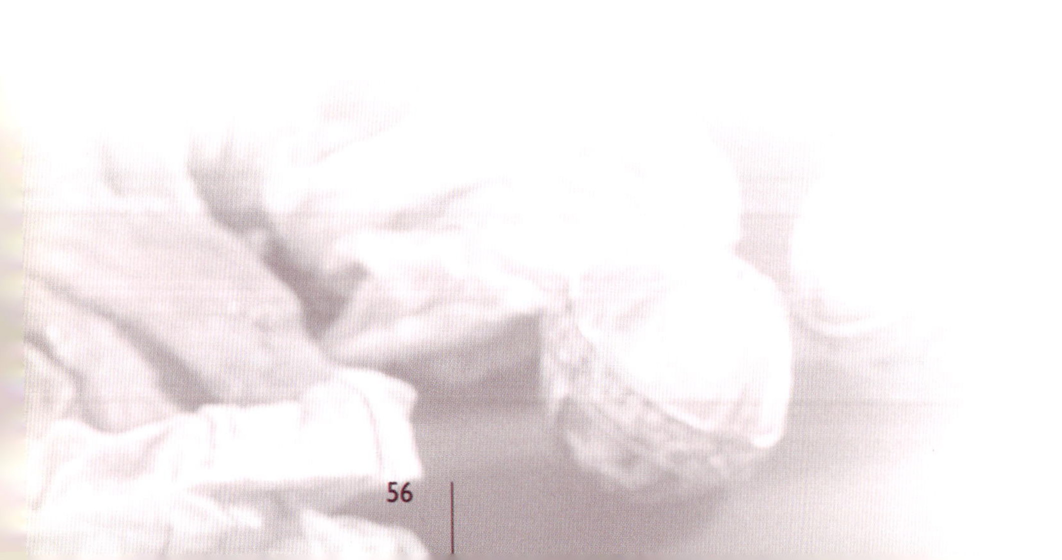

Meringues aux amandes

Ingrédients

Cuisson : 35 minutes

Température : 160°C

- *125 g de sucre*
- *125 g d'amandes effilées*
- *2 blancs d'œufs*
- *2 cuillères à soupe de rhum*

Préparation

Préchauffez votre four à 160°C en chaleur tournante.

Battez les blancs en neige ferme, puis ajoutez le sucre et continuez de battre jusqu'à ce que le mélange forme le bec et qu'il soit brillant.

Ajoutez le rhum, puis les amandes à l'aide de la spatule en soulevant la masse.

Mettez la préparation dans la poche à douille et dressez les meringues sur une toile siliconée ou un papier sulfurisé.

Passez-les au four à 160°C pendant 35 minutes.

Soufflages aux noix ou aux noisettes

Ingrédients

Cuisson : 15 à 20 minutes

Température : 150°C

- *3 blancs d'œufs*
- *125 g de sucre*
- *125 g de poudre de noisettes ou de noix*
- *quelques noisettes entières ou brisures de noix*

Préparation

Préchauffez le four à 150°C.

Battez les blancs en neige et, à mi-parcours, ajoutez le sucre afin d'obtenir un mélange ferme.

Incorporez les noix ou noisettes moulues à l'aide d'une spatule.

Mettez cette masse dans une poche munie d'une douille cannelée ou dressez les soufflages sur une toile siliconée ou un papier sulfurisé à l'aide de 2 petites cuillères.

Déposez une noisette ou une brisure de noix au centre de chaque petit-four.

Passez-les au four pendant 15 à 20 minutes.

Langues de pain d'épices

Ingrédients

Repos : minimum 1 nuit

Cuisson : 10 à 12 minutes

Température : 180°C

- *250 g de sucre*
- *50 g de beurre*
- *165 g de miel de sapin*
- *2 gros œufs*
- *1 cuillère à café de cannelle*
- *1 cuillère à thé de poudre de girofle*
- *1 cuillère à café de bicarbonate de soude*
- *580 g de farine*
- *1/2 paquet de levure chimique*
- *60 g de noix hachées*
- *1 peu de Kirsch*

Facultatif :

vous pouvez ajouter des oranges et des citrons confits coupés en dés

Glaçage Royal :

- *2 blancs d'œufs*
- *300 g de sucre glace*

Préparation

La veille

Dans une grande casserole, faites fondre le miel, le sucre et le beurre. Laissez tiédir.

Ajoutez ensuite les œufs, la cannelle, le girofle et le bicarbonate dilué dans un peu d'eau froide. Bien mélanger puis rajoutez la farine, la levure, les noix ainsi que le Kirsch.

Laissez reposer la pâte au moins une nuit ou même plusieurs jours. Veillez à bien emballer la pâte dans un film alimentaire et réservez-la dans un endroit frais.

Le lendemain

Sortez la pâte au moins 1 heure avant de l'utiliser.

Préchauffez le four à 180°C.

Etalez la pâte sur un plan fariné sur une épaisseur de 2 mm et détaillez-la avec un emporte-pièce pour pain d'épices.

Passez-les au four durant 10 à 12 minutes.

Ils doivent être moelleux à la sortie du four (ils durciront à l'air ambiant).

Réalisez le glaçage et étalez-le sur les langues à l'aide d'un pinceau.

Laissez sécher.

Leckerlis

Ingrédients

Cuisson : 18 minutes

Température : 190°C

- *375 g de farine*
- *125 g de sucre*
- *200 g de miel bien fluide*
- *1/2 cuillère à café d'épices à pains d'épices*
- *1 paquet de levure chimique*
- *30 ml d'eau-de-vie*
- *100 g d'amandes hachées*
- *50 g d'écorces d'oranges confites*
- *50 g d'écorces de citrons confites*
- *5 cl de lait*

Glaçage :

- *200 g de sucre glace*
- *20 ml d'eau-de-vie*

Préparation

Préchauffez le four à 190°C.

Mélangez la farine, le sucre, la levure, les amandes, les fruits confits et les épices.

Introduisez le miel et l'eau-de-vie. Travaillez bien la pâte.

Ajoutez le lait afin que la pâte puisse bien se travailler.

Etalez la masse dans un moule beurré à rebords de 2 cm ou un moule siliconé.

Passez un coup de rouleau à pâtisserie fariné pour égaliser la masse.

Faites cuire pendant 18 minutes.
(Attention, la pâte ne doit pas trop colorer au risque de trop durcir).

À la sortie du four, démoulez le leckerlis sur une planche à découper. Etalez le glaçage au pinceau, laissez sécher. Prenez un couteau à génoise et coupez des carrés.

Pains d'épices aux fruits secs

Ingrédients

Cuisson : 30 minutes
Température : 180°C

- *100 g de beurre tempéré*
- *250 g de miel*
- *250 g de farine*
- *1/2 sachet de levure chimique*
- *100 g de sucre*
- *1 sachet de sucre vanillé*
- *3 œufs*
- *100 g de noix grossièrement hachées*
- *200 g de dattes coupées en dés*
- *200 g de figues coupées en dés*
- *1 cuillère à café de cannelle*
- *1 cuillère à café d'épices pour pains d'épices*

Préparation

Préchauffez le four à 180°C.

Battez le beurre et le miel en mousse.

Ajoutez les sucres pour obtenir une masse crémeuse.

Incorporez les œufs, la farine, la levure chimique, les fruits secs et les épices.

Versez la pâte dans un moule beurré à rebords de 2 cm ou un moule siliconé.

Passez-le au four durant 30 minutes.

Après refroidissement, retournez le pain d'épices sur une planche.

Coupez des carrés de 4 cm.

Christmas Greetings.

Gâteau au vin chaud et aux pépites de chocolat

Ingrédients

Cuisson : 20 à 25 minutes
Température : 170°C

- *250 g de sucre*
- *1 paquet de sucre vanillé*
- *250 g de beurre tempéré*
- *4 œufs*
- *250 g de farine*
- *1 paquet de levure chimique*
- *1 cuillère à soupe de cacao amer*
- *1 cuillère à café de cannelle*
- *150 g de vin chaud (ou vin rouge)*
- *100 g de pépites de chocolat*

Préparation

Préchauffez le four.

Battez les sucres et le beurre en mousse.
Ajoutez les jaunes, et progressivement la farine, la levure, le cacao, la cannelle, le vin chaud et les pépites de chocolat.

Battez vos blancs en neige et incorporez-les délicatement à la préparation.

Versez la pâte dans les moules.

Passez-les au four durant 20 à 25 minutes.

Sortez-les et posez-les sur une grille.

Ces gâteaux ont été réalisés dans des moules individuels. Si vous souhaitez les faire dans un grand moule, augmentez la durée de cuisson de 20 minutes.

Vin chaud

Ingrédients

- *2 oranges*
- *1 citron*
- *1 bouteille de vin rouge*
- *200 g d'eau*
- *200 g de sucre*
- *1 bâton de cannelle*
- *1 anis étoilé*

Préparation

Détaillez les oranges et le citron en rondelles.

Mettez-les dans une casserole et versez-y tous les autres ingrédients.

Faites chauffer le tout et arrêtez la cuisson juste avant l'ébullition.

Couvrez la casserole et laissez infuser le mélange quelques minutes puis servez chaud.

Bretzel brioché

Ingrédients

Repos : 2 fois 20 minutes et 1 fois 40 minutes

Cuisson : 30 minutes

Température : 190° C

- *550 g de farine*
- *1 paquet de levure déshydratée*
- *3 œufs*
- *100 g de sucre*
- *150 g de beurre*
- *150 g de lait tiède*
- *10 g de sel*

Dorure :

- *1 œuf entier auquel vous ajouterez 1 pincée de sel*

Préparation

Dans la cuve du robot mélangez la farine et la levure.

Ajoutez les œufs, le lait chauffé à 37°C, le sel et le sucre.

Mélangez le tout, puis, en dernier, ajoutez le beurre coupé en petits morceaux.

Pétrissez le tout durant 5 minutes.

Laissez lever la pâte dans le bol durant 20 minutes en le couvrant pour que la pâte ne dessèche pas.

Une fois le temps écoulé, rabattez la pâte.

Laissez-la lever encore une deuxième fois durant 20 minutes.

Roulez la pâte afin d'obtenir un long boudin d'environ 1,50 mètre.

Formez une boucle avec le boudin, croisez les 2 extrêmités et repliez-les vers la partie centrale du bretzel.

Collez les bouts avec un peu d'eau tiède. Posez le bretzel sur une toile siliconée ou un papier sulfurisé.

Laissez lever encore 40 minutes.

Préchauffez le four à 190°C.

Badigeonnez avec l'œuf battu.

Faites-le cuire au four durant 30 minutes environ.

Conseil : Attention, certaines levures sèches contiennent déjà du sel...

Couronne de Noël

Ingrédients

Repos : 2 fois 20 minutes
1 fois 40 minutes
Cuisson : 30 minutes environ
Température : 190°C

Recette pour 1 grande couronne :

- *500 g de farine*
- *1 sachet de levure déshydratée*
- *80 g de sucre*
- *60 g de beurre*
- *300 g de lait*
- *10 g de sel*

Dorure :

- *1 œuf battu avec 1 pincée de sel*
- *amandes effilées*

Préparation

Mélangez la farine et la levure.

Ajoutez le sucre, le lait bien tiède (37°C), le sel, puis le beurre coupé en petits morceaux.

Pétrissez environ 5 minutes.
Pour cela, utilisez le crochet si vous avez un robot.

Laissez lever la pâte dans le bol durant 20 minutes en le couvrant pour que la pâte ne dessèche pas.

Une fois le temps écoulé, rabattez la pâte.
Laissez-la lever encore 20 minutes.

Divisez la pâte en 3 parties égales, roulez-les en 3 boudins et réalisez une tresse. Formez une couronne.

Après cette opération, laissez lever la pâte pendant 40 minutes puis badigeonnez avec l'œuf et parsemez d'amandes effilées.

Faites cuire la couronne dans un four préchauffé à 190°C durant environ 30 minutes.

Conseil : Attention, certaines levures sèches contiennent déjà du sel...

Mannele

Ingrédients

Repos : 1 fois 30 minutes
1 fois 40 minutes
Cuisson : 15 à 18 minutes
Température : 190°C

- *500 g de farine*
- *1 sachet de levure de boulanger déshydratée*
- *100 g de sucre*
- *100 g de beurre*
- *2 œufs entiers*
- *100 g de raisins secs*
- *200 g de lait tiède*
- *10 g de sel*

Dorure :

- *1 œuf battu avec 1 pincée de sel*

Préparation

Mélangez la farine et la levure.

Ajoutez le sucre, les œufs, le lait et le sel.

Faites tourner le robot 1 minute puis rajoutez le beurre et pétrissez encore 4 minutes.

Laissez lever 30 minutes puis rabattez la pâte.

Formez les mannele :

Divisez la pâte en 4, puis chaque quart en 3.
Roulez un des pâtons puis allongez-le. À l'aide d'une paire de ciseaux, coupez au milieu du pâton jusqu'à mi hauteur pour former les jambes.

Incisez de chaque côté pour les bras et légèrement au-dessus pour la tête. Posez les mannele sur une toile siliconée ou un papier sulfurisé.

Ajoutez des raisins secs pour les yeux.

Laissez lever encore 40 minutes.

Dorez à l'œuf.

Préchauffez le four à 190°C.

Passez-les au four pendant 15 à 18 minutes.

Conseil : Attention, certaines levures sèches contiennent déjà du sel...

Pain de Noël ou Christolle

Ingrédients

Repos : 2 heures
Cuisson : 35 minutes environ
Température : 170°C

- *250 g de farine*
- *10 g de levure boulangère déshydratée*
- *15 cl de lait*
- *40 g de sucre semoule*
- *1 jaune d'oeuf*
- *80 g de beurre tempéré*
- *75 g de raisin secs macérés au rhum*
- *60 g d'écorce d'oranges confites en cubes*
- *90 g d'amandes effilées*
- *½ zeste de citron râpé*
- *1 pincée de sel*

Autres ingrédients :

- *100 g de beurre fondu pour badigeonner*
- *Sucre glace*

Préparation

Mélangez la farine et la levure, ajoutez le lait légèrement tiédi.

Incorporez le jaune d'œuf, le sucre, le sel, le zeste de citron, le beurre et pétrissez la pâte afin d'obtenir une pâte lisse et homogène.

Ajoutez enfin les fruits confits, les raisins secs et les amandes.

Couvrez le bol d'une toile et laissez reposer 20 minutes.

Rabattez la pâte et faites lever 20 minutes à nouveau.

Façonnez le pain de Noël en étalant la pâte en un rectangle de 20x30 environ et pliez la pâte aux 2/3.

Laissez lever une dernière fois 40 minutes.

Préchauffez le four à 170°C.

Enfournez pendant 35 minutes environ.

Faites fondre le beurre.

À la sortie du four, badigeonnez le gâteau avec le beurre fondu et saupoudrez le de sucre glace. Répétez cette opération 2 à 3 fois.

Florentins

Ingrédients

Cuisson : 10 minutes

Température : 180°C

- *75 g de crème fraîche liquide*
- *75 g de sucre semoule*
- *25 g de miel*
- *30 g de farine*
- *50 g d'écorces d'orange confites en dés*
- *25 g de bigarreaux confits coupés en dés*
- *60 g d'amandes effilées*

- *100 g de chocolat noir pâtissier*

Préparation

Préchauffez le four à 180°C.

Posez le moule à petites tartelettes sur la grille du four.

Prenez la sauteuse et versez-y la crème, le sucre et le miel.

Portez le tout à ébullition, en mélangeant avec la spatule et cela jusqu'au "petit boulé" (environ 118°C). Il faut compter environ 5 minutes de cuisson.

Si vous n'avez pas de thermomètre, vérifiez la cuisson de la façon suivante : 1 goutte versée dans un verre d'eau froide doit former une boule molle et malléable.

À ce stade là, ôtez la sauteuse du feu et rajoutez les fruits, la farine et les amandes. Mélangez bien le tout.

Versez 1 cuillère à café de ce mélange dans chaque empreinte. Enfournez environ 10 minutes jusqu'à ce que les florentins prennent la couleur du caramel blond.

Pendant ce temps, faites fondre le chocolat au bain-marie.

Après les 10 minutes de cuisson, défournez les florentins, laissez-les refroidir avant de les démouler sur une grille.

Lavez et séchez le moule. Remettez-le sur la grille et versez 1 cuillère à café de chocolat fondu dans chaque empreinte.

Tapotez un peu la plaque sur le plan de travail pour que le chocolat s'étale.

Posez les florentins sur le chocolat encore mou et laissez-les refroidir au réfrigérateur pendant 2 heures environ.

Conseil : Ne laissez pas cuire les florentins plus de 10 minutes même s'ils paraissent très mous, car ils durciront une fois sortis du four.

Mandelbarri

Ingrédients

Repos de la pâte : 1 heure
Cuisson : 15 minutes environ
Température : 210°C

Pâte :

- *250 g de beurre*
- *375 g de farine*
- *125 g de sucre*
- *2 jaunes d'œufs*

Garniture :

- *2 blancs d'œufs*
- *125 g de sucre*
- *250 g d'amandes coupées en bâtonnets*

Si vous ne souhaitez pas faire la recette avec les différents cercles, faites-la sous forme de petits gâteaux en utilisant un emporte-pièce de 6 cm et en adaptant le temps de cuisson.

Préparation

Le Mandelbarri se monte en superposant plusieurs cercles du plus grand au plus petit. Chaque disque est cuit séparément.

Ci-joint les dimensions des gabarits qui sont faits dans du carton.

1er cercle : diamètre ext. 25 cm / int. 16 cm

2e cercle : diamètre ext. 23 cm / int. 14 cm

3e cercle : diamètre ext. 22 cm / int. 13 cm

4e cercle : diamètre ext. 20 cm / int. 11 cm

5e cercle : diamètre ext. 17 cm / int. 8 cm

6e cercle : diamètre ext. 15 cm / int. 7 cm

7e cercle : diamètre ext. 13 cm / int. 5 cm

8e cercle : diamètre ext. 11 cm / int. 4 cm

9e cercle : diamètre ext. 9 cm / int. 3 cm

10e cercle : diamètre ext. 7 cm / int. 3 cm

Pâte : travaillez les 4 ingrédients comme pour une pâte sablée. Laissez reposer la pâte pendant 1 heure.

Garniture : Montez les blancs en neige ferme comme pour une meringue puis ajoutez le sucre.

Incorporez les amandes à l'aide d'une spatule.

Etalez la pâte, découpez les cercles en vous servant des gabarits, n'oubliez pas d'évider l'intérieur, posez-les sur une toile siliconée ou un papier sulfurisé.

Etalez la garniture sur chaque disque et passez-les au four pendant 15 minutes environ à 210°C.

Sortez-les après cuisson, laissez-les refroidir puis réalisez le montage.

Sapins soufflés au chocolat blanc

Ingrédients pour 6 sapins

Cuisson : 5 minutes

- *250 g de chamallows*
- *200 g de Rice Krispies*
- *100 g de chocolat blanc*
- *40 g de beurre*
- *50 g de cranberries séchées*
- *Sucre glace*

Préparation

Huilez au pinceau des flûtes à champagne en plastique.

Faites fondre le beurre dans une casserole sur feu doux. Versez-y le chocolat blanc haché et laissez fondre.

Ajoutez les chamallows coupés en deux et faites-les fondre en remuant.

Hors du feu, incorporez les Rice Krispies et les cranberries, en remuant à l'aide d'une spatule en silicone.

Garnissez les flûtes à champagne avec la préparation et égalisez la surface. Laissez refroidir.

Démoulez et décorez éventuellement de fils de bonbons gélifiés.

Saupoudrez de sucre glace.

Conseil

À la place des flûtes, vous pouvez également utiliser des poches à douille jetables ou du papier sulfurisé que vous roulerez en cônes.

La Maison en pain d'épices

Ingrédients

Repos : 1 heure
Cuisson : 10 minutes
Température : 200°C

1ère pâte :

- *250 g de miel*
- *250 g de farine*

2ème pâte :

- *3 œufs*
- *250 g de sucre*
- *15 g de cannelle*
- *5 g d'épices à pains d'épices*
- *350 g de farine*
- *10 g de bicarbonate de soude*

Glaçage :

- *2 blancs d'œufs*
- *300 g de sucre glace*

Gabarit : *voir page 86*

Préparation

1ère pâte : Chauffez le miel et versez-y la farine en tournant constamment.

2ème pâte : Tournez les œufs avec le sucre, incorporez les épices, la farine et le bicarbonate dilué dans un peu d'eau.

Mélangez les 2 pâtes.

Enveloppez-la dans un film alimentaire et réservez-la au frais.

Le lendemain

Sortez la pâte une demi-heure avant utilisation. Farinez bien votre plan de travail et abaissez-la à 0,5 cm.

Découpez les différentes parties de la maison selon le gabarit (p.86), ainsi que les fenêtres et la porte.

Découpez encore quelques sujets avec le reste de pâte pour la décoration.

Posez les pièces sur une toile siliconée ou un papier sulfurisé.

Passez-les dans un four préchauffé à 200°C.

Dès la sortie du four, assemblez la maison rapidement avec des cure-dents.

Badigeonnez le toit de glaçage royal.

Gabarits pour la réalisation de la maison en pain d'épices

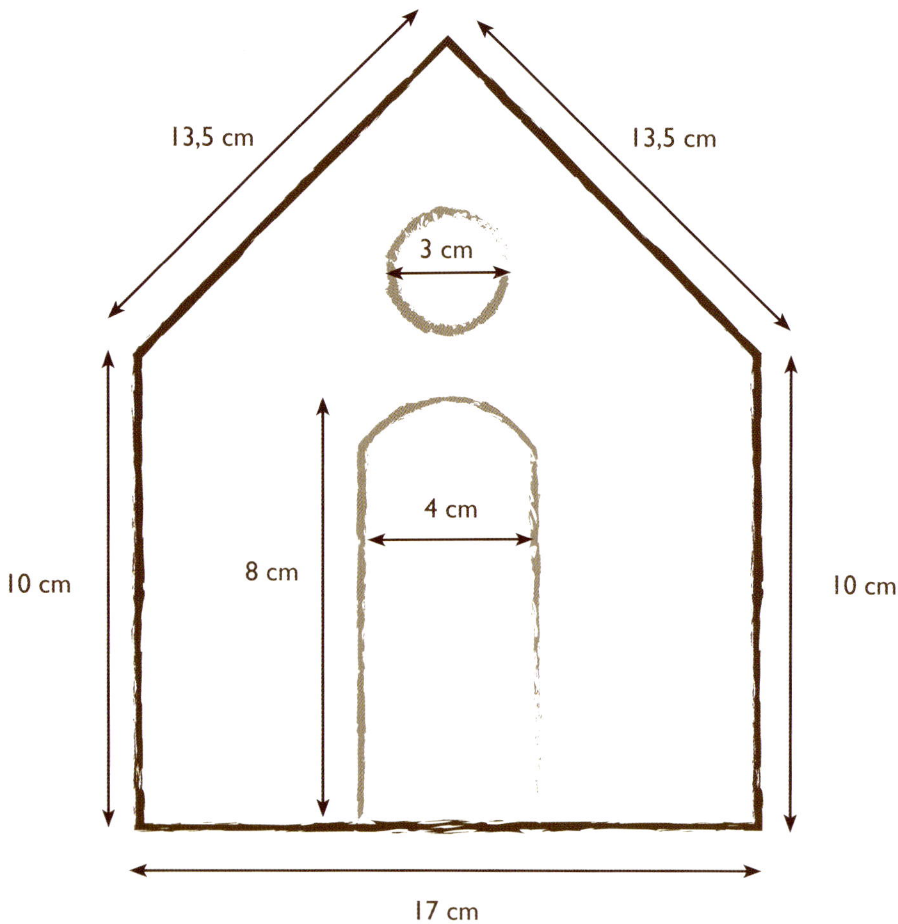

2 façades

2 pans de toits

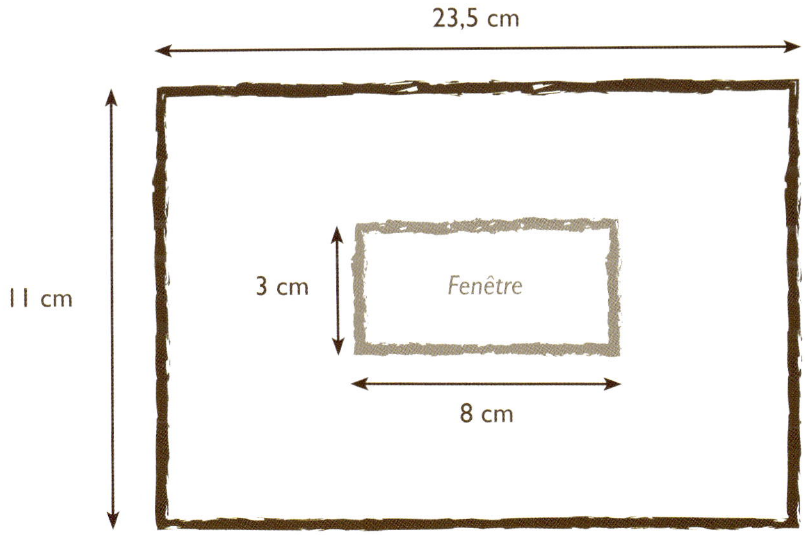

2 murs latéraux

Astuces

Utilisez les découpes pour faire les volets et les portes.

Vous pouvez prendre une plaque de gélatine pour réaliser le vitrage de la fenêtre.

Auteurs
Bernadette Heckmann & Nicole Burckel

Photographe
Frédérique Clément
www.fredclement.com

Maquette
I.D. Créations

I.D. l'Édition

9, rue des Artisans - 67210 Bernardswiller

Tél. : 03 88 34 22 00 - Fax : 03 88 34 26 26

id.edition@wanadoo.fr - www.id-edition.com

ISBN : 978-2-36701-022-9
Impression en UE
Octobre 2015